T G BELLYMAN

SUPRANOS 200 VISOR
- Från psalm till sänghalm

ISBN: 978-91-7851-836-4

FÖRORD

DETTA HÄFTE MED dryckesvisor har sammanställts av några gamla studentsångare med förkärlek för god mat och dryck i kombination med sång av mer eller mindre skabrös karaktär. Vi har, med mer eller mindre tydlig framgång, framträtt i olika sammanhang under namnet Snapsvisekören Supranos med visor av högst divergerande innehåll, därav namnet på denna skrift - "Supranos 100 sånger - från psalm till sänghalm".

Vi har, i detta gedigna verk, utgått från antika handlingar som påträffats vid utgrävningar i Klintehamn på Gotland där bröderna, och tillika svedjebönderna, Goran Ullfager och Yggvert Yxa under 1800-talets senare hälft lyckades utvinna manuskript från 1700-talet med dryckesvisor författade i den tidens dryckes- och vistradition. Sedan vi fått tillgång till materialet har vi pietetsfullt restaurerat det i syfte att överföra visorna till ett modernt sammanhang och till melodier som alltjämt är kända här i landet.

För tydlighets skull vill vi framhålla att vi verkligen inte uppmanar till ett överdrivet intag av alkohol. Vår åsikt är att såväl alkohol som vatten ska avnjutas under gemytliga former. Att sjunga är trevligt! Att sjunga dryckesvisor, gärna i samband med måltid, kan vara än mer trevligt. Det visste redan Bellman som varit en stor inspiratör till denna utgåva.

Trots att det inte finns några föreskrivna krav vad gäller mat och dryck så kan vi varmt rekommendera Hallands Fläder till sång 49 och OP Andersson eller Aalborg till visan om Gamle Dansken. Till de ganska rikligt förekommande kiss- och bajsvisorna vill vi livligt rekommendera Beska Droppar eller Bäverhojt samt mycket toapapper.

Vi som skrivit har i alla fall haft kul och vi inser förstås att flertalet visor torde vara föga politiskt korrekta och därför måste vi - av säkerhetsskäl - skriva under pseudonym.

Utgivarna

MED SUPEN I HAND

1. DYSLEXI
Mel: Min hatt

Min fru hon är dyslektisk
Men hon dricker gärna ur
Så när hon tager supen
Hon ropar glatt "Gåtur!"

2. HUR MÅR DIN GAMLA LEVER
Mel: Var bor du lilla råtta

Vad vill du ha att dricka? Akvavit!
Vad har du i din ficka? Mera sprit!
Hur många nubbar tål du? 72!
Hur mår din gamla lever? Si och så!

3. BAMSE-SUPEN
Mel: Bamse

Bamse-supen den ska ner i strupen
Må den göra själen glad och nöjd
Låt den sjunka ner i stora djupen
Bringa glädje, lust och salig fröjd!

Bamse-supen ner i strupen
Låt den sjunka ner i djupen
Sätt den inte i vrångstrupen
Det blir inte bra!

Bamse-supen den ska ner i strupen
Må den göra själen glad och nöjd!

4. LILLA TARMLUDD
Mel: Här kommer lilla Ludde

Här kommer lilla tarmludd, hå hå ja ja
Trippande på en knivsudd, hå hå ja ja
Bråkig och väldigt högljudd, hå hå ja ja
Full efter mycket nattsudd, hå hå ja ja....

5. TA EN SUP
Mel: Tänd ett ljus

Ta en sup och fortsätt supa
låt aldrig ruset försvinna.
Det är mörkt nu
men det blir ljusare igen!

6. MACKMYRAN
Mel: Blåsippan uti backarna står

Mackmyran skön uti glasen stå.
Niger och säger "Kom hit, smaka på!"
Fyllan är frejdig och skön som Bardot,
man får ju supa på toppnivå!

7. Min far
Mel: Min hatt

Min far han har kateter
och går med rumpan bar.
Hans längd är blott en meter
Ja, sådan är min far!

8. VAR ANNAN VATTEN
Mel: Buren i vatten

Varannan vatten
Håll huvet klart!
Men efter vattnet
kommer supen snart!

9. ANVÄND ALLTID KOSKENKORVA
Mel: Anmäl alltid ändrad inkomst till Försäkringskassan

Använd alltid Koskenkorva
När du tänker supa,
För din egen skull!

SCHLAGERS

10. JAG SKA DRICKA ALLA SUPAR
Mel: Jag ska måla hela världen

Jag ska dricka alla supar, lilla mamma
Full av brännvin varje dag
Att det regnar och är grått det gör detsamma
Jag ska solsken i mitt snapsglas ändå ha

Alla flaskorna jag gärna ville köpa
Lilla mamma, jag ska dricka dem för dig
Jag ska dricka alla supar, lilla mamma
Och allt ska bli så ljust och glatt för mig

11. YRKESVALET
Mel: Spelmannen

Jag har lungsot, jag har plattfot
Jag kan ej bli stridspilot
Och min IQ-kvot
den närmar sig
nivån för idiot

Jag har otur när jag tänker
Och det finns nog ingen bot
Möjligheterna inskränker
sig till riksdagsledamot!

12. LYCKLIG SOM SATAN

Mel: Lyckliga gatan

Lycklig som satan
när flaskan är full
Sen näsan i gatan
du ramlar omkull
Tystnat har leken
tystnat har sången
Kräks på kavajen
och bajs i kalsongen
Skall mellan dessa djupa glas en dag
stiga en sång
Lika förunderlig och skön som den
vi hört en gång?

Nej, spriten är borta
Det är bara så
Det får du ju fatta
Det får du förstå!
Ute ur leken
ja, ganska nergången
står du på gatan
får stryk av batongen
Så mellan dessa djupa glas skall
ej stiga en sång
Lika förunderlig och skön som den
vi hört en gång!

13. NU ÄR DET SLUT
Mel: 34an

När jag började att supa var jag bara tjugofem
Jag kände ganska snart att jag ju hade hittat hem
Jag har supit, rökt cigarr och slagit folk i många år
Om jag inte lägger av så blir jag utburen på bår

Så nu är det slut på gamla tider
Ja, nu är det färdigt inom kort
Jag ska aldrig mera supa
Jag ska aldrig mera slåss
Jag ska bli en nykter pojke
aldrig mera ta ett bloss
Ja, nu så ska jag sluta med allt dumt
För nu ska jag satsa allt på kabanoss!

14. MÅNDAG
Mel: Elvira Madigan

Brännvinsglasen står där tömda
Inget finns att fylla på
Festens skratt de är snart glömda
Sen ska hela veckan gå

Innan vi på nytt får supa
Brännvinsglasen fylla på
Pannans veck de är så djupa
Och var måndag är så grå!

14

15. ÄNGLASUP
Mel: Änglahund

Hej du speleman kan du svara på min fråga?
Den är ärlig och jag menar varje ord
När vår herre släcker livets låga
Och det är dags att lämna denna jord

Får man ta supen med sej in i himlen?
Den är god och den har vart en riktig vän
Den är kall och fin och skatten är betald
Får man det du speleman då blir jag glad!

16. I SOMMARENS RUSIGA STUNDER
Mel: I sommarens soliga dagar

I sommarens rusiga stunder
på bolaget är vi stamkunder
Vi super trots blixtar och dunder
Vi supa var vi gå. Bordeaux! Bordeaux!

Du som är glad, kom med och drick
Sitt inte hemma med tom blick
Vår supartropp han gångar opp
På fyllans allra högsta topp

I sommarens rusiga stunder
Vi supa var vi gå. Pernod! Pernod!

17. ACK POTATISLAND
Mel: Ack Värmeland

Potatisland, du sköna
Du ger mig tår på tand
Din skörd ger brännvin som
Min lust antänder

Ja, om jag så fick vin ifrån Frankrikes land
Till nubben jag dock alltid återvänder

Ja, där vill jag leva, ja, där vill jag dö
Nej aldrig jag till spriten kan säga adjö
Potatislandet är en skön kulturmiljö

18. STUPFULL
Mel: Min soldat

I går var jag svårt drucken
I dag är jag plakat
Vill det sig illa
Är jag full i min mull
Men det gör detsamma om du
Dricker mig till
Någonstans i rännsten

16

19. JAG HADE EN GÅNG EN ÖL

Mel: Jag hade en gång en båt

Jag hade en gång en öl
Som regel den dracks med bröl
Men det var för länge sen, så länge sen
Svara mig du
Var är den nu?
Jag bara undrar
Var är den nu?

Jag hade en gång en dröm
Att öl rann i en strid ström
Så väcktes jag ur min dröm och ölen försvann
Svara mig du
Var är den nu?
Jag bara undrar
Var är den nu?

20. SVINRÖVEN BLOMMAR

Mel: Nidälven

Svinröven blommar, så vacker den är!
Jag kan den aldrig glömma
Men jag får så svåra luftvägsbesvär
När dofterna mot mig strömma

21. OH CARIN
Mel: O Carol

Oh Carin jag är i karantä-ä-ä-n
Dejten jag missar
Finns i annat län
Vi skulle dansa
Äta och må bra-a-a
Men p g a karantänen
Får det bli en annan dag

22. JENKA
Mel: Å jänta å ja

Å jenka å ja
Dansar varje dag
Med Pekka som är glad
Vi skulle dansa vals
Men det gick inte alls
Han snubbla och börja drägla
En tango vi tog
På närmsta öppna krog
Men den va stängd
Och köttet var ej hängt
Så vi gick hem och dansa med en dräng
Tills golvet det börja svikta

23. FÄRSKA FIKON
Mel: Röda Stugor

Färska fikon tåga vi förbi
Nejlikor, citroner
Och ett litet bi
Humlan surrar
Nordanskogens tall
Ser vi på väg genom Sverige

24. JAKTVISA
Mel: Nu grönskar det

När galten grymtar gruvligt starkt
Får mor suggan sin första infarkt
När Apollo spelar harposång
Och Amor har fått Venus i gång
Då stämmer vi alla upp i kör
Och sjunger tills vi stör
Att våren är här och vintern är där
Och lärkan är nyvaket tvär

25. MAN SKA SUPA MED VARANDRA
Mel: Man ska leva för varandra

Man ska supa med varandra
och ta vara på den sprit man har.
Man ska supa med varandra
för en dag finns bara tomglas kvar!

26. SAMLING PÅ UTEDASSET
Mel: Det är dans på Brännö Brygga

Det är samling på utedasset
en gammal och kär tradition.
Fullt utav sprit och
trevlig musik
ja, vad är väl dass utan
dragspelets toner?

Det är samling på utedasset
en plats är ledig för dig.
Kom braka loss
det finns plats för koloss
och flaskan den går runt.

27. FYRA ÖL OCH EN ROM OCH COLA
Mel: Fyra bugg och en coca-cola

Fyra öl och en rom och cola
doft av sommar och romantik.
Fyra öl och en rom och cola
gör dig redo för erotik.
Vill du leva och vill du dansa?
våga skratta och våga chansa?
Fyra öl och en rom och cola
på stadshotellet i Örnsköldsvik.

28. NU JÄKLAR SKA VI SUPA BANNE MIG
Mel: Det börjar verka kärlek banne mig

Nu jäklar ska vi supa banne mig.
Så som man gör på krogen tänka sig.
Bit inte av din sup
sänk den i magens djup.
Ta supen hel
är inte fel!

29. RUSET ÄR FÖR KORT
Mel: Sommaren är kort

Ruset är för kort!
Det mesta sovs ju bort.
Men nu är det här
så ta för dig,
spriten flödar idag!

Bakis blir du snart
Det går med vindens fart.
Så lyssna på mig,
Spriten flödar
kanske bara idag.

30. SOMLIGA GÅR MED HALVFULLA GLAS
Mel: Somliga går med trasiga skor

Somliga går med halvfulla glas
Säg vad beror det på?
Gud fader med en bister grimas
Kanske vill ha det så?

Somliga går med halvfulla glas
tills dom har slutat gå.
Djävulen bjuder sen till kalas
och fyller då glaset på!

31. UTI MIN MAGE
Mel: Uti vår hage

Uti min mage står snapsar på rad.
Kom hjärtans fröjd.
Ge mig en till för då blir jag så glad!
Kom OP och Hallands fläder.
Kom innan jag släpper väder.
Kom Skåne, kom Aalborg.
Kom gör mig nöjd!

32. LIVET ÄR EN FEST
Mel: Livet är en fest

På fredagskvällen bubblar det uti min hypofys.
Då vill jag dricka brännvin
jag vill ha mitt fredagsmys
Då grundar jag med groggen
den slår ner med en krevad
och fredagsdrömmen växer
om en fylla varm och glad.

Livet är en fest,
håll med om det folk och fä.
Jag struntar i alkotest,
för det är fredagsfest!

33. BRÄNNVIN
Mel: Främling

Brännvin, vad döljer du för mej
i dina svala flaskor?
Ge mej en chans!
Vi tar en dans! Kom, brännvin!
Ja, brännvin, jag vill ju va med dej!
Känna dej i min strupe,
vill gå på djupet och utför stupet,
bara med dej!

34. TAR EN KNAPP
Mel: Jag är lapp

Tar en knapp för jag har ju min renat.
Jag har snapsvisans rytm i mitt blod.
Jag kan supa - det var nog så menat
för den spriten, den är ju så god!

Här vid foten av snöklädda fjället
finns en plats dit jag drar varje vår.
Det är inte nåt märkligt med stället
det är likadant år ifrån år.

Det var här som vi mötte varandra
det var lappdricka, tacka för det.
Den var starkare än alla andra
ja, det starkaste man kunde se.

Men när jag kom tillbaka till stället
fanns av lappdrickan inte ett spår.
Men till foten av snöklädda fjället
Kommer jag minst en gång varje vår.

35. INGEN VIT JUL
Mel: White christmas

Jag drömmer om en jul hemma
där Vintergatan slår sin bror
med röda knogar
i tysta skogar
i snön
invid frusen mo.
Jag drömmer om en jul hemma.
Där blir det fest i sus och dus
med julskinka och tomtebrus.
Ja, jag längtar till ett granskogs-rus

36. VAD ÄR ETT BURSPRÅK
Mel: Vad är vänskap

Vad är ett burspråk.
Kan det förklaras.
Kvittret som säger
burfolk är vi.
Sällan vi kvittrar
om vad vi tänker
vi bara språkar
bråkar.
Burfolk vi vill förbli.

37. STÖRST AV ALLT
Mel: Störst av allt är kärleken

Störst av allt är konjak
och den följs av öl och vin.
Den tänder ljus i mörkret
och i ljuset får vi ro.
Den slutar aldrig att hoppas
och den bär dig när du är trött.
Se hur blommorna knoppas
och allt blir återfött.
Den ger liv åt det som vissnat.
Ord åt det som bara anas
ger dig styrka som du inte trodde fanns
men om du tror på konjak finns den
någonstans.

Störst av dem är konjak!
Du behöver inget mer.
När allt omkring dig bleknar
är det bara den du ser
ingenting som du äger
ger dig samma tröst som den.
Se hur lätt det väger
när du funnit konjaken.
Den ser vårens första blomma
vill den ska få plats att leva.
Vet att hösten inte kan ta död på den
den väntar ju på våren.
Störst är konjaken!

Den ska ta dig genom livet
ge dig mod att orka leva.
Den ska alltid hitta hela vägen fram
för om du tror på konjak
finns den någonstans!

38. GE MIG ETT GLAS
Mel: Ge mig en dag

Ge mig ett glas av ädlaste guld,
av droppar ljusa och klara.
En cider så stark att jag faller omkull.
Av äpplen från Österlens dalar.

Ge mig en natt då vinet slår till
då Syrah och Zinfandel talar.
I lust och i nöd, så full som jag vill
i lundar vid Österlens dalar.

Ge mig den stund och ge mig den tid
då hundra supar så svala
flyger ens själ till himmelen vid
på hedar vid Österlens dalar.

39. AMARONE
Mel: Bella Notte

Åh, vilket vin
detta ljuvliga vin
som vi kallar Amarone!
Se vilken syn
alla druvor i byn
blir till ljuvlig Amarone!

Fjärran från den du älskar
blir flaskan ödsligt tom
men i dess värme sluts du in
i dess trolska rikedom, åh.

Åh, detta vin
det är ungdomens vin
som vi kallar Amarone!

40. MIN FRU
Mel: Min soldat

Min fru luktar illa
och hon har nageltrång,
två hemorrojder
och en tredje på gång.
Men det gör det samma
för hon tvättar min kalsong,
någon gång om året.

41. LIV I GRUS

Mel: Stad i Ljus

Min resa gick med spriten
så fort som tillfälle bjöds
jag lärde mig att hitta
alla tillfällen då alkohol-ol rikligt bjöds.

Refräng:
En bar full med sprit
är det land där jag trivs.
Ge mig "spris"
och allting har ett pris.

Men så blev allt förändrat.
Jag börja leva sunt igen
och levern kunde andas
och bukspotts körtel-en
börja känna sig så ren.

/:Liv i grus är det pris jag betala då
för utan sprit kunde jag inte gå:/

42. KUPONGEN
Mel: Koppången

Med min tummade motbok
till Systemet vill jag gå.
Jag har fått en extra kvarting
så nu får jag hämta två.

Och jag stannar vid vägen
för att smaka lite grann
och blir fångad i det gränsland
som förenar sprit och man.

Och jag tackar Systemet
för kupongen som jag fått
den fördubblar de supar
som i veckan jag kan njuta.
Och jag vet att veckan blir föga vit
och jag själv kommer va'
som en pladdrande dåre
så länge det finns sprit.

Där bland gnistrande supar
som förbleknar en och en
kommer livet väldigt nära
som en skymf av sanningen.
Vi är fångar i spriten
och vi tar med darrig hand
greppet om ett frostigt snapsglas
som är fyllt till breddens rand.

En sekund är jag nykter
sen så vet jag inget mer.
Bara ett, att jag nog är lika
full som någon annan
och jag vet att där på en frusen väg
finns det värme ändå
för kupongen har gjort
att min kvarting blivit två!

43. GAMMELDANSKEN

Mel: Gamle Svarten

Gammeldansken
min vän på vida färden.
Gammeldansken
den bästa sprit i världen.

Refräng:
När din flaska den är tömder
och jag glad av ruset glömsk är
så tänker jag gärna helst på dig.

Gammeldansken
du fyller mina raster.
Gamle GD
passar till damasker.

44. JAG ÄR FYLLSJUK

Mel: Jag är spelman

Jag är fyllsjuk. Jag är dålig
min mage känns ej bra.
Jag började att dricka då jag smakat tra la la.
Det var inte särskilt äckligt
det var heller inte gott.
Men med facit uti hand jag
denna dryck bort försmått.

Det var Goran den krabaten
som stod i Klintehamn och
bjöd ur hemgjord flaska.
Han sa det var lik-kör
och nog fan var det blött och
nog så var det dött.
Och jag som hade suktat hårt
och trott att det var sött.

45. BAND AID
Mel: Jag har skrivit till min flicka

Jag har bundit fast min flicka
vid en sängstolpe med knopp.
Det var roligt och hon skrattade
och sa mera.
Men när jag hade fått till det och
var nära hennes kropp.
Ville knutfan inte genast
Lösas opp.

Hon blev rädd och börja skrika
så jag hämtade en dolk.
Skar av repet och började förklara
det gick inte särskilt bra så jag
fick ringa en tolk.
Sen den dagen har jag inte sett "na" mera.

46. DÅ GÅR JAG NER I MIN KÄLLARE
Mel: Då går jag ner i min källare

Då går jag ner i min källare
där lever jag sällare
för där har jag mängder av
whisky, öl och vin.
Jag häller suparna rätt i magen
njuter och glömmer dagen
ända tills jag drar ner min rullgardin.

47. GAMLA FASTER

Mel: Gamle Svarten

Gamla faster
hon hade många laster.
Tog en sup re'n klockan tio
sen så gick hon på porrbio.
Sen spela' hon bort allt på trav.

Gamla moster
Hon var ett sånt missfoster.
Hade näsan uti nacken,
det blev värsta gasattacken
Tarmgaserna blev hennes grav.

KÄRLEKSVISOR

48. SKÖRBJUGG
Mel: Min soldat

Min fru har fått skörbjugg
Och en hängröv så stor
Hon har även mjälthugg
Som hon ärvt från sin bror

Men det gör detsamma för
Hon ger mig "amour"
Någon gång om året.

49. ATT VÄNSLAS
Mel: Blåsippan

Att vänslas är svårt uti karantän
Till två meters avstånd man ska vika hän
Hur ska man då nå till sin kvinna så skön?
Ta då och be din aftonbön!

Den Helige ande då träder fram
Knådar, bebådar din sköna madam
Själv står du med slaknande erektion
Ty så är det ofta med religion!

50. BONNLÄPP
Mel: Jag är spelman

Jag är bonnläpp
Jag har fläskläpp
Och jag kysser väldans bra
Jag kan kyssas så mitt gomsegel
Rör sig snabbt som en undulat
Jag vill kyssas jag vill vänslas
Jag vill ha en fin kamrat
Fast jag stundom hellre "datar"
Än jag spelar för mat

51. MIN FRU
Mel: Min soldat

Min fru är så tramsig
och själv är jag en fjant
min syster är en harpa
min bror är dilettant
men det gör det samma
för jag har min sextant
när jag sätter segel

52. SNOR

Mel: Min soldat

Min snoriga hustru
Börja ropa på Tor
Sovit så dåligt
Kompenseras med amour
Fast Tor var så sliten
Fanns det ingen pardon
Bara börja jobba

Refräng:
I takt han måste gå
Och hans kulor
Hoppar runt också.
När hon fått sig sin fontän
Så kastas han
Vårdslöst hän

När fontänen var över
Blev det lugnt i en kvart
Sen skulle det repeteras
Hon var pilsk som Kattegatt
Men det gör det samma för hon
tvättar min kalsong
Någon gång om året

53. PESSAR
Mel: Barnatro

Har du kvar ditt nötta pessar
Som du låna av din far
När du ville skydda dig en njutbar stund

Det var roligt du var nöjd
Sköna Britta var en fröjd
När det kilade du nådde himmelshöjd

Refräng:
Gamla pessar. Ifrån far
Ett minne från Cupidos glada dar
Sköna Britt och en snitt
När vi sågs så njöt
Jag av ditt stora behag

54. PAMPUSCHER
Mel: Broder Jakob

Pampuscher vita
Köpt på krita
Elegans
Fint som svans
Glaset uti knogen
Drick med mig i skogen
Bland blommor och blad
Kärlekskrevad

55. PERENNA LÖKAR
Mel: Broder Jakob

Perenna lökar
Oss förökar
Vin och last
Ge oss i kast
Döden vi betvingar
Med en villig kvinna
Sätt din lök
I mitt kök

56. NÄR DET VÅRAS MELLAN LÅREN
Mel: När det våras mellan bergen

När det våras mellan låren
får jag komma till dig då?
Och servera styrketåren
som vi tillsammans bränt vi två.

57. TREKANT
Mel: Min hatt den har tre kanter

Min fru hon har en trekant,
en trekant har min fru.
Och är det ej en trekant,
så rakar hon sig nu.

58. DU LINDAR

Mel: Visa vid midsommartid

Du lindar mitt ollon
kring en midsommarkrans
och lägger den på ditt lår.
Du skrattar åt minen
Jag ofrivilligt gör
efter smärtan som starkt består.

I natt ska du ge mig av
kärlekens fröjd.
Knåda och mumsa
tills båda blir nöjd.

I natt är vi bjudna av dimman till dans
av brännvin och annan stimulans.

59. JAG TRIVS BÄST
Mel: Öppna landskap

Jag trivs bäst med hustruns hängbröst
nära bysten vill jag bo.
Lite tuttar och raketost
så att Olek kan få ro.
Där reder jag mitt sexliv själv
och kryddar med salamikorv.
Och dricker det med hemgjord sprit
som Runar bränt för vår skull
nån gång för länge sen.
Jag trivs bäst med hustruns hängbröst
nära mjölken vill jag bo.

60. CYKLA PÅ ÖLAND
Mel: Blinka lilla

Från Ottenby till Böda Sand
Vi cyklade, jag höll din hand
Din hand var varm, din kind var röd
Hjärtat slog, sin trolska glöd
Från Ottenby Till Böda Sand
Vi cyklade, jag höll din hand

61. VIT SOM SNÖ
Mel: Edelweiss

Vit som snö
lite tö
är det i min driva.
Vänslas glatt med
en mulatt
bjuder vännen att dricka.

Refräng:
Dricka från termos av
äkta stål
den kan ej gå sönder.
Dricka vin
extra fin
är ju ingen blunder.

62. KRÖKA RYGG
Mel: Blinka lilla

Vill du kröka rygg med mig
Jag vill jaga mygg med dig
Vill du va min lyckas smed
Dricka nektar ur min sked
Vill du kröka rygg med mig
Jag vill vara stygg med dig

63. SKÄGGIG FRU
Mel: Min soldat

Min fru är så skäggig
hon är hårig som få
duschar mycket sällan
allergisk mot tvål.
Men det gör detsamma
för hon bränner min sprit
någonstans i skogen.

Refräng:
I givakt vi måste stå
måste stå för våra fruar små
som offrar all sin tid
för att skapa Eau De Vie.

Ikväll blir det middag
min fru kommer då.
Hon har med sig en dunk
samt rönnbär likaså.
Nu ska vi fira och bli runda
underfot
någonstans kring midnatt.

Refräng:
I givakt vi måste stå …

1
BELLMANS
AMDA

64. PANTEN

Mel: Bort all vad oro gör

Bort allt vad oro gör
Bort allt vad hjärtat kväljer
Nu skall vi panta
Bland dessa buteljer
Och sen köpa nytt

Här finns ju flaskor av
Alla modeganger
Och också groggvirke,
Oliver från Stavanger
Samt lite till

Refräng:
/:Granne gör du nu
Som jag gör
Vet denna flaska ger dusör
Oj vilken plundring
Men den gav en hundring
Oui Mon Seigneur:/

65. RÖDA PUMPSKOR
Mel: Röda Stugor

Röda pumpskor tåga jag uti
Regarns-peruken
Får det faktiskt bli
Lärft och linne
Och en capriol
Är trevligt när man promenerar

Cattunstyget är mjukt
Och ganska svalt
En stor kontrast till
Mitt knä som är så skralt
Men jag kämpar hela dagen lång
För att få komma till KROGEN

66. SCHAVOTTEN 1793
Mel: Blinka lilla

Redlös, rotlös, resenär
Är ute nu på sin sista färd
Slagit ihjäl sin hustru huld
lösensumman
gör broder ej nöjd
Nu han plikta skall med liv
rackarkärran hans sista "giv"
Dricka skall ur ristat glas
På Källaren Hamburg
Skål och kalas
Sedan till schavotten raskt det bär
Det gör resenären sur och tvär

47

67. BRODER PRIMO
Mel: Broder Jakob

Broder Primo
Broder primo
Höj ditt glas
Skål i vas
Skål för broder secundo
Han som är så rondo
Tersen tag
I ett kvartal
Quinten

68. KÄMPA BRODER
Mel: Gubben Noa

Kämpa Broder
Född av moder
Mot allt som är torrt
Sitter du med en flicka
Och jobbar med din hicka
Är det viktigt
Mycket viktigt
Att glaset ej är torrt

69. BÄSTE BRODER
Mel: Blinka lilla

Bäste broder
tecken tag
På din egen högtidsdag
Visst skall du vid ritus hyllas
För personlig utveckling
Och sedan fyllas
På med fluidum i våra glas
Släng dem bak ryggen
njut av dess kras

70. TÖKKEN
Mel: Gubben Noa

Vilket tökken
Uti kökken
Kaminen den rök in
Veden den va våter
Ögona de gråter
Bispen hemma
Spara en femma
Gubben bjöd på Bull

71. MJÖLK I ÖLEN
Mel: Gubben Noa

Mjölk i ölen
Stjälk i mjöden
Vilket fint kalas
Aftonfinkelns fröjder
Mormors hemoröjder
Vilken hicka, kära flicka
Bjud nu upp till dans

72. VISMAR
Mel: Blinka lilla

Vi ses på Vismar söta vän
Krogen i Kolmätargränd
Brännvin med bladguld ska vi dricka
Äta glacerade äpplen till vi spricka
Äpple och brännvin bedårande brud
Skrid nu fram och blotta din hud

73. BACCHI LADA
Mel: Gubben Noa

Bacchi lada
Munter svada
Brädor gunga glatt
Mötas på Tre Liljor
Öl-stänk på dess tiljor
Trumf i bordet
Ljuva ordet
Hurra å Gutår

74. ELDPUNG
Mel: Barnatro

Är din eldpung ännu klar
Som du fått från farfarsfar
Är din flinta och dess fnöske
Än i bruk

Ger din blåsbälg ännu pust
Har din pipa någon must
Vill profossen vila lägg han i bivack

Refräng:
Eldpung tung
Som krona till kung
Vill du röka nu så gör det
Och sen sjung
Eldpung tung
Med rök så ung
Ta ett bloss min bror
Och känn dig som en kung

75. JERGEN PUCKELS VISA
Mel: Blinka lilla

Styva ducresser gyttjegrå
Lite stela men får gå
Lossa vadden, Ulla kär
Var nu inte sur och tvär
Styva ducresser
Gyttjegrå
Håll dig vaken
Upp och stå

51

76. FYRUGN OCH POTTA
Mel: Blinka lilla

Fyrugn och potta
Knåp och knep
Eldstål och flinta
Och nytankad kamel

Må din puckel vara fylld
Full av bränsle och förgylld
Fyrugn och potta
Fnöske och fnas
Unna dig att
Salutera med gas

77. GLITTRA GLITTRA
Mel: Blinka lilla

Glittra, glittra
Sköna skum
Låt oss glömma
Tid och rum
Öl och brännvin
Och en sup
Ut på vågen
För min slup
Glittra, glimma
Sköna nymf
Låt oss glömma
Gammal skymf

78. PEKKAS JULRIMS-VISA
Mel: Solen glimmar

Pekka rimmar kultig gris
nu skall Pekka supa.
Först vill han ha härlig spis
skinkan ligger framstupa.

Skinkan lägges upp på fat.
Oj, vad det blir mycket mat.
Pekka dricker utan gnat
ramlar sen uti spenaten.
Skål!

79. RIDDARFJÄRDEN
Mel: Solen glimmar

Riddarefjärden blank och hård
Movitz rensar pipan.
Wasatornet högt och stolt.
Nu slog klockan fyra.
Movitz tar en näsduk fram
lägger den uppå sin dam.
Ulla bjuder på en kram.
Nu så skall man supa.

-Jag tror vi snedtände lite på den där lutfisken.

KLASSIKER

80. EN SUPARAFTON

Mel: En sommarafton

Över bord och över golv
kräks jag i min yra.
I skallen dunkar det en kolv
i magen är blott syra.
Ack, vad kval och smärta
i en stund som denna!
Det kostar på att spriten förbränna
det får man nog erkänna!

81. GLÄDJENS FLASKOR

Mel: Glädjens blomster

Tänk om flaskor i jordens mull
kunde fås att gro!
Odla nubbar jag skulle då,
Ja, det kan ni tro!
Och när nubbarna börjat gro
skulle jag gå och fiska
så jag hade inlagd sill
till mina nubbar friska.
Så jag hade inlagd sill
till mina nubbar friska.

82. SÅ KLUNKA VI

Mel: Så Lunka Vi

Så klunka vi på finnars vis
då ska man supa som en gris.
Man bastar, slår varann med ris
tills grannen ringt polis.

Tycker du att Kosken är för stark
för en svenne river den som bark
ta dig sen dito yx, dito kax, dito kolm
sen kan du simma ända till Stockholm.

83. GAMLA GRINIGA BEATA

Mel: Alta Trinita Beata

Gamla griniga Beata
söp inte sämre än gubbar på vår gata.
Griniga systern Åsa
full även hon, gilla' skumpa som är rosa.
"Du, se manna från himmelen" sa Åsa
när Systembolaget glömt att låsa.

84. DET ÄR GUDAGOTT ATT SUPA
Mel: Här är gudagott att vara

Det är gudagott att supa
O, vad livet dock är skönt.
Smaka fröjd från flaskan sen stupa
ner i gräset som är grönt.
Huvet snurrar, magen kurrar
vinglig slår man nöjd sin drill.
Men de brännvinsfyllda skålar
töms så lätt utan nåt spill.

85. ETT FYLLESLAG
Mel: O Tannenbaum

Ett fylleslag, ett fylleslag,
det är ett slag med fylleri.
Och är det inget fylleri,
så är det inget fylleslag.
Ett fylleslag, ett fylleslag,
det är ett slag med fylleri.

86. SVÄLJ NU SYSTER
Mel: Punschen kommer

/:Svälj nu syster
Snapsen yster
"Björn-pitts-kall":/

Skål för dryckens kyla,
skål för snapsens rus.
Skål för alla dem som älskar
liv och brus.

87. VEM KAN MÅLA FÖRUTAN FÄRG

Mel: Vem kan segla förutan vind

Vem kan måla förutan färg?
Vem kan sy utan nålar?
Vem kan baka förutan deg
och supa förutan skålar?

Jag kan måla förutan färg.
Jag kan sy utan nålar.
Men ej supa förutan skål
utan att fälla tårar.

88. MATROSVISAN

Mel: En sjöman älskar havets våg

En sjöman älskar att bli full
hör vågornas brus.
Han månar också om sitt hull
i stormarnas sus.

Farväl, Farväl
du glade Matros.
Hur har du det
med artros?

Farväl, Farväl
se upp med din häl
när supen
blir till narkos.

89. MEN ACK VAD VIT MIN SJÄL DÅ VAR

Mel: En vänlig grönskas rika dräkt

Men ack vad vit min själ då var.
Nu dränker jag den uti alkohol.
Den smeks av vinets ljumma fläkt
och rusigt jag ropar mitt "Skål!"

En sup lyfts opp med fröjd och hopp
och klirret ifrån glasen
förkunnar snaps-extasen!

90. KVASTFENINGEN

Mel: Nu grönskar det

Bland kvastar och skurhinkar
jag vilar här en stund.
Ramla illa in i denna skrubb
för att jag va lite rund.

Refräng:
En benpipa den putar ut
och ryggen den är slut.
Men flaskan har jag ändå kvar
den jag fick utav min far.

Skål!

91. ÅTERVINNINGENS LOV

Mel: Auld Lang Syne

Ska gammal fylla slösas bort
eller ska den fyllas på?
Ta dig en återställare
så är du snart på G!
En Skåne när du vaknat opp
får fart på själ och kropp.
Att återvinna fylleri är tidens melodi!

Så sjung med oss
sjung starkt och fint
sjung återvinningens lov.
Låt gammal fylla fyllas på
med hembränt och hemska skrål!

Ska välförvärvat njutningsrus
förspillas utav slarv?
Ska den som sökt och funnit tröst
förtvina som en larv?
Nej, broder bjud din hulda opp
i morgonrodnads sken.
Ge henne en rejäl sitt-opp ifrån bolaget i Flen.

En OP gör din kropp så glad
den återställer allt.
Får dig att njuta hundrafalt.
Du blir som en frivol galt!

92. UTI MIN MAGSÄCK

Mel: Uti vår hage

Uti min magsäck
så finns det ett glas.
Kom skön extas.
Jag svalde det olyckligt
på Odd-broders kalas.
Där var Helan och där var Halvan,
liksom tersen och Axel von Fersen.
Movitz var bjuden men kom inte alls.

Att skiljas från glaset
det är inte lätt.
Kom skön closett.
Det sitter på tvären
och har en rosett.
Kom bukspott och Mjältar mjuka.
Kom njurar hjälp till att skjuta
ett glas från magsäck. Jag vill ha avec.

KYRKOSÅNGER

93. HAN HAR ÖPPNAT BRÄNNVINSFLASKAN
Mel: Pärleporten

Han har öppnat brännvinsflaskan
För att dricka upp min sprit
Först så blev jag ganska putt
men han tog ju blott en hutt
för mitt hembränt smakar ändå bara skit

94. BRÅKAR OCH SVÄR
Mel: Jesus för världen

Supen den gör dig innovativ
Men tar du för mycket
du blir aggressiv
Slår folk på käften,
bråkar och svär
Då kan man lätt bli
Impopulär

95. CIGARREN
Mel: Barnatro

Vill du röka min cigarr
Det var den som gav dig starr
Bladen rullade mot lår, till toner av gitarr
Ja vi rökte ju som barn
Och vi snapsade som fan
Å vi blandade och du tog mig till din kvarn

96. KOKAREN
Mel: Han är min sång och glädje

Jag kan minnas en tid i mörkret
Utan kokare levde jag då
Men så såg jag en annons på blocket
Och sen den dagen jag börjat uppstå

Refräng:
Den är min sång och min glädje
Den gör att ruset tar höjd
Kokare i dina händer
Jag ligger här helt förnöjd

97. BLOTT EN ÖL
Mel: Blott en dag

Blott en öl, en liten klunk i sänder
sen så ska jag aldrig dricka mer.
Men om törsten ändå återvänder
ja, då vill jag sannolikt ha fler.
Jag vill smaka alla goda sorter
en beskig lager med god humlesmak
och en riktigt mustig gammal porter.
Ja, jag tror jag köper mig ett flak.

98. MAN SUPA I ÖST OCH VÄST

Mel: De komma från öst och väst

Man supa i öst och väst
man supa i syd och nord
men vad smakar bäst
när vi ska ha fest?
Vad ska vi ha på vårt bord?
En vodka så len och fin?
En tunna med mustigt vin?
Nej, vi tar en akvavit, vår bästa medicin!

99. SOM NÄR ETT GLAS

Mel: Som när ett barn kommer hem

Som när ett glas kommer fram om kvällen
och töms i en törstig tarm.
Så var det för mig att smaka en sup.
Jag kände att här hörde jag hemma
där fanns en skatt i buteljens djup
en skatt som väntade på mej.
Och jag kände - här är jag hemma!
Jag vill alltid va kvar i mitt rus!

100. HÄRLIG ÄR NUBBEN

Mel: Härlig är jorden

Härlig är nubben, sillen och jordgubben.
Skön är midsommarn med sin stång.
Ungarna ränner, snapsarna bränner
och vi super natten lång.

101. BRYGGAR-EKAN

Mel: Tryggare kan ingen vara

Bryggar-ekans åror plaska
när den kommer med vår flaska.
Vi får ro i våra själar
Ro får också bryggarn's trälar.

102 SE, VI GÅ TILL VÅRT SYSTEMBOLAG

Mel: Se, vi gå upp till Jerusalem

Se vi gå till vårt Systembolag
vi gå att bland flaskor vraka
för att som vår himmelske fader vill
det bräddfyllda glaset få smaka.

103. BRYGGARE KAN INGEN VARA

Mel: Tryggare kan ingen vara

Tryggare kan ingen vara
med blott vatten som råvara.
Nej, om drycken oss ska läska
Krävs malt, jäst och humlebeska.

104. MÅ EN SUP GÅ DIG TILL MÖTES

Mel: Må din väg gå dig till mötes

Må en sup gå dig till mötes
och må vinet vara din vän.
Och må whiskyn värma din kind
och må cognac vattna själens jord.
Och tills vi möts igen
må du hålla
supen i din hand.

105. FLASKAN ÄR MIN FRÖJD OCH GLÄDJE

Mel: Bach-Jesus är min fröjd och glädje

Flaskan är min fröjd och glädje
All min trygghet, all min tröst.

Supen bär min sorg och ängslan
oron viker från mitt bröst.

Den är själens hopp och längtan
hjärtats glädje och förväntan.

Den mig aldrig överger
aldrig ska jag torka mer!

106. EJ URDRUCKNA SUPAR

Mel: Ej upplysta gårdar

Ej urdruckna supar, ej öppnade öl
kan sparas till söndag och tas utan söl
när man va-a-knar på morgon
och är lite trött
sen somnar man glad och man sover så sött.

107. HEMBRÄNT!

Mel: Otto Olssons Advent

Otto Olssons pyttipanna smakar bäst med
hembränt till.
Jubla högt ditt "Helan går"!
Se din nubbe du får!
Starka drycker han har sänt!
Fröjda dig med öl och hembränt!
Kom med kassen så det klirrar.
Låt din strupe vidga sig.
Kom med öl så magen pirrar!
Rusets konung möter dig!

Salighetens dag han tänt.
Salighetens dag han tänt.
Fröjda dig med öl och hembränt!
Spritens flöde ej kan stanna,
liksom stora vattens dån ljuder evigt
"Himlens manna, i en kanna! Hej gutår!"
Sådan fröjd ej världen känt.
Fröjda dig med öl och hembränt.
HEMBRÄNT!

108. TRYGGA RÄKAN

Mel: Tryggare kan ingen vara

Trygga räkan smakligt spisas
Med chablis i våra vinglas.
Och en liten, liten pärla
sköljer fint ner denna märla.

109. TRYGGAD RENAT

Mel: Tryggare kan ingen vara

Tryggad renat ifrån Skara
ficks utav bekant från Vara.
Tog den med till Höga kusten
drack den iskall där med "Fursten".

Tog den med till bastun kära
men den satte sig "på tvära".
Svår att svälja och förtära
smaka mest som utspädd tjära.

110. VI FÅR SNAPS ALLIHOPA

Mel: Vi får plats allihopa

Vi får snaps allihopa
det är fyllekalas!
Vi får supa tillsammans
alla har fulla glas.

Här finns supar som lenar.
Här finns vin som förenar.
Vi får snaps allihopa
på vårt fyllekalas!

DAR(n)VISOR

111. VILL HA BRÄNNVIN IBLAND

Mel: Trollkarlen från Indialand

Det händer att jag vill ha brännvin ibland
Då tar jag mitt snapsglas så stadigt i hand
Jag dricker och fyller det på en gång till
Och snart jag nog framstår som rätt imbecill

Jag raglar och sluddrar och ramlar omkull
På huvudet har jag en kopparkastrull
Jag dricker mitt brännvin och sjunger en sång
Och kanske jag sen går nån bärsärkagång

112. FEM SUPAR PÅ EN BRICKA

Mel: Ekorrn satt i granen

Det var en gång en flicka
Som gillade att dricka
Fem glas uppå en bricka
Sedan fick hon hicka
Suparna de rasa ner
Sen så drack hon ännu fler
Tills hon korken börja slicka

113. BLEKSOT
Mel: Min hatt

Min hustru hon har bleksot
Hon är så spröd och vit
Dessutom har hon klumpfot
och ett knä av bakelit

Hon tuggar på en morot
som är så god och gul
Den lyser som ett eldklot
själv är hon ganska ful

114. BYSSAN FULL
Mel: Byssan lull

Byssan lull, koka kittelen full
Med hembränt i alla de prislägen
Den ena gör dig halt
Den andra gör dig blind
Den tredje säger "Du är en viking!"

115. SUNE
Mel: Ekorrn satt i granen

Sune kom från skogen
Flyttade till staden
Satte sig på krogen
Vänta på paraden
Tog en sup, sen tog han två
Väldigt vinglig blev han då
Ramla ner i remouladen

116. FRIMURARE
Mel: Små grodorna

Frimurare, frimurare
Är lustiga att se
Små gubbar med nubbar
Och hattarna på sne

Livets mening, livets mening
Den grubblar man på me'
Sen super man, sen super man
Och äter god buffé

117. TAFSA EJ
Mel: Sov du lilla videung

Ta den lilla snapsen nu
Vänta inte mera!
Ta sen fler, ja fem-sex-sju
Om du kan hantera

Tafsa ej på grannens fru!
Det är nämligen tabu
Det får du acceptera
Annars får vi dig kastrera

118. FRIMURARMÄN
Mel: Blåsippan

Frimurarn ute i backarna står
Bugar och säger båd "Skål" och "Gutår"
Kom låt oss skåla i blod lille vän
Så gör ju riktiga frimurarmän!

119. NU SKA VI DRICKA HEMBRÄNT
Mel: Här kommer Pippi Långstrump

Nu ska vi dricka hembränt
Tjola hopp tjola hej
Tjola hoppsansa
Nu ska vi dricka hembränt
För det är fylleslag!

Det finns också Kosken,
eau-de-vie och vin från påsken
Folköl ifrån kiosken
Är det också bra att ha.

Men först ska vi dricka hembränt
Tjola hopp tjola hej
Tjola hoppsansa
Ja nu ska vi dricka hembränt
För det är fylleslag!

120. MELLANGÅRDS-LYCKA
Mel: Ekorrn satt i granen

Fredlös varg i veum
Gick på konstmuseum
Träffa "Per i Neum"
Drog till Colosseum

Flytta sen till Mellangård
Köpte sej en gammal Ford
Snart dom fira jubileum

121. DRÄNGLÅT
Mel: Blinka lilla stjärna där

Täckt av dynga
Men med bonjour
Raskt han jobbar
Lille bror

Grisens skulor
Smakar mäsk
Sköljer ner med
Liten besk
Jobba på så
Gott det går
Snart får du
En styrketår

122. FYLLOT SATT I GRANEN
Mel: Ekorrn satt i granen

Fyllot satt i granen
skulle dricka hembränt.
Fick han höra barnen
som plötsligt hade anlänt.

Svepte flaskan med en fart.
Å, det smaka' underbart!
Sen så kom snart ambulansen.

123. ÖLDRÄNKTA GOLV

Mel: Vi gå över daggstänkta berg

Vi gå över öldränkta golv fallera!
Vi festat hela dan sen klockan tolv fallera!
Jag sista ölen spillt och jag tappat bort min kilt,
där nånstans på mitt öldränkta golv fallera!

124. PRÄSTEN BÖRJA' BRÅKA

Mel: Prästens lilla kråka

Prästen börja' bråka:
"Inga ekivoka
visor här uti min kyrka!"

"Ska ni spriten prisa
får jag er förvisa
Satan själv ni verkar dyrka!"

Men bakom gardin
han drack nattvardsvin
och prisade nöjd dess styrka!

Men bakom gardin
han drack nattvardsvin
och prisade nöjd dess styrka!

125. MORS LILLA FYLLO

Mel: Mors lilla Olle

Mors lilla fyllo i skogen gick.
Rosig om näsan med skelögder blick.
Tänk om en sup plötsligt här kunde stå.
Tänk om jag slapp att så ensam här gå.

Huttelihutt, vilken skön chimär!
Plötsligt försvann abstinensbesvär.

Immigt är glaset och fyllot blir glad.
Åh, en kamrat det var bra se god dag!

Mor fick nu se dem, gav till ett skri.
Supen sprang bort, nu är leken förbi.
Åh, varför skrämde du undan min vän?
Mor lilla be honom komma igen!

126. JAG ÄR EN LITEN SLEMPROPP

Mel: Vi äro musikanter

Jag är en lite slempropp allt ifrån Skaraborg.
Jag tycker mest om buk-spott allt ifrån
Skaraborg.
Jag kan supa, fio-fio fio lej.
Jag kan stupa när jag blivit full.
Och jag kan dricka andra hållet, andra hållet,
andra hållet.
Och jag kan dricka andra hållet,
andra hållet med.

127. JAG ÄR ETT LITET FYLLO

Mel: Jag är ett litet ylle

Jag är ett litet fyllo.
Bom chika bom chika bom bom bom.
Med världens värsta nyll-o.
Bom chika bom chika bom bom bom.
Jag ligger i min fyllegrop och
skriker glada fylle rop:
Skåne! Skåne! OP på Er allihop.

128. VISBY RINGMUR

Mel: Så gå vi runt kring ett enebärssnår

Så gå vi runt kring Visby mur,
Visby mur, Visby mur.
Hittar vi hem så har vi tur,
tidigt en söndag morgon.

Så göra vi när vi hänga våra kilar,
ta oss några silar, leka med filar.
Så göra vi när vi hänga våra silar,
tidigt en lördag morgon.

Så kommer "bängen" och slår oss i bitar,
tjuter och skriker,
hotar med batongen.
Så gör polisen när de kör oss till finkan,
tidigt en fredag morgon.

-Ska man skriva snapsvisor på så här hög nivå
så måste man ha både hjälm och en adekvat
syrgastillförsel.

129. ODD FELLOWS
Mel: Gubben Noa

Oddkamrater
aldrig later
ständigt jobbar man.
Först en liten ÖM
och på det en liten UM
CM har vi
KM tar vi
Hurra och gutår!

Uti klubben
Har vi snubben
som skänker ut all sprit.
Dricker den till maten.
Spiller den på faten.
Utan Skåne
Utan OP
Får vi ingen nit.

130.LILLE PALT
Mel: Lille katt

Du har allt
lille palt
som man kan begära.
Besk som pors
fångad vid fors
allt man vill förtära.

Skicka bud
till din hud.
Daglig dos är skön att få.
Kryddad sprit Akvavit
och till det en liten blå.

131. SNAPSEN GODA
Mel: Gubben Noa

Snapsen goda
som en groda
dyker i min hals.
Faller ganska illa
samtidigt med "silla".
Slår sig illa
liksom silla
innan allt nermals.

132. LILLE SNAPS
Mel: Lille katt

Lille snaps
lille snaps
lille söte snapsen.
Du är bra
mycket bra
även nu på natten.

Man sover gott
drömmer flott
låter sig förföras.
Vilken pott
utan klott
sussar skönt på örat.

133. VI ÄRO FYLLERISTER
Mel: Vi äro musikanter

Vi äro fyllerister allt i från Gävleborg.
Vi dricker både hemma, på gator
och på torg.
Vi kan dricka helrör med fin akvavit.
Vi kan dricka mäsk och hembränd sprit.
Och vi kan dricka rom med fader Allan.
Kom fader Allan! Kom fader Allan!
Vi kan dricka rom med fader Allan
han säger aldrig nej!

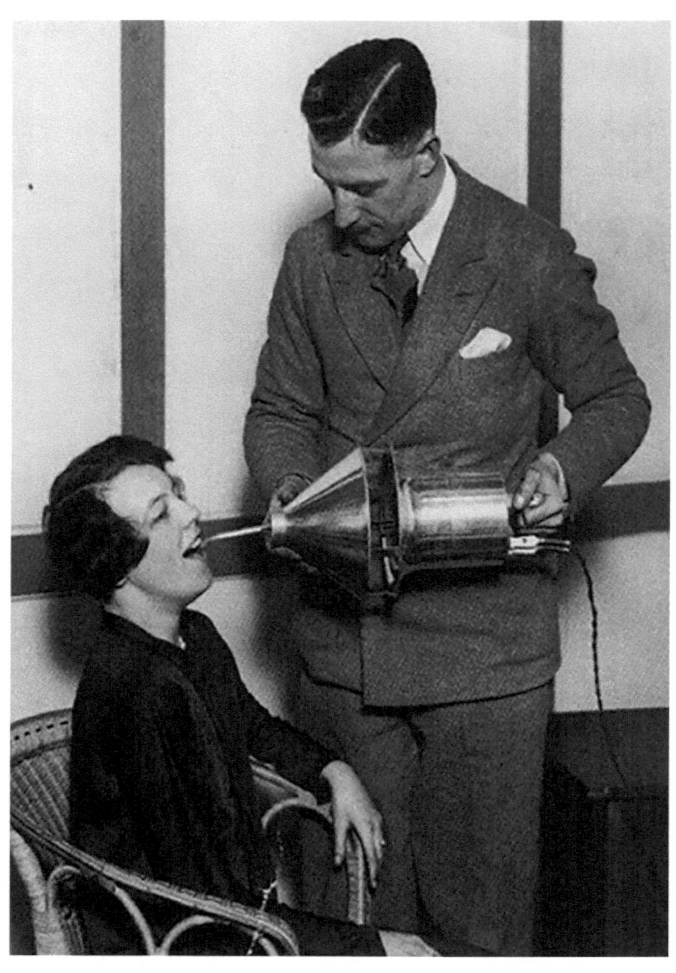

- Låt mig få demonstrera vår nya helautoma-
tiska snapsdestillator. Lägg i en potatis och sätt
sladden i väggen bara!

HEMBRÄNT

134. FARMORS KOFOT
Mel: När lillan kom till jorden

När farmor fyllde 80
Så fick hon kofot av sin far
Sen bröt hon upp allt golvet
Och odla korn så rar
Hon odla även humle och
Snart så blev det till skördefest
För farmor fixa jästen och sen en skaplig
Mäsk

135. GRÅSUGGAN
Mel: Blåsippan

Hammocken går
Farfar ligger bredvid
Kliar sina lår
Mormor säger frejdigt
Ge mig en tår
Hämta i källarn
Snart är det vår

Apparaten den puttrar
Brygden är klar
Farfar bjuder mormor
Präktigt glad
Gråsuggan smakar
Blir visst lite yr
Nu blir hon
Plötsligt en
Glad liten fyr

136. HUSBEHOV
Mel: Auld lang syne

Vi bränner sprit till husbehov
som vi gjort från 1787
Innan dess var det en svår period
med kronans kukeliku (1775-1787)
Vi tog en hutt innan högmässan
Vi tog två när vi gick ut
Ibland så blev det också tre
men då blev man ganska slut

137. DET BOR EN HEMBRÄNNARE I STADEN
Mel: Sockerbagaren

Det bor en hembrännare i staden
han bränner hemma mest hela dagen
han bränner vodka, han bränner snaps
han bränner tills han får en kollaps.
Och i hans kokeri det luktar finkel
så ögonen dom går i kors och vinkel
om du är törstig får du en hutt
och sen vi sjunger en trudelutt!

138. BÄGARN SVINGAS
Mel: Fjäril vingad

Bägarn svingas supen tagas
helst med hemgjord vätska i.
I mitt gröna skjul tillagas
allt från bäsk till eau-de-vie.
Minsta sup i glas och flaska
glada rusets låga väckt.
Så i skjulet vill jag slaska
bränna hemma, det är käckt!

139. LÅT MIG FÅ BRÄNNA DIN SPRIT
Mel: Låt mig få tända ett ljus

Låt mig få bränna din sprit
bränna den bara för dig
låta den puttra och gå
till den blir färdig att slå
upp uti spetsfyllda glas
bjudas på något kalas.
Då ska vi snapsa vi två
tills finkeln cellen gör grå.
En snaps för bara dig och mig
en dryck som gör (att) du ropar hej.

140. HEMGJORD SPRIT
Mel: Lille katt

Hemgjord sprit fylld av flit
rinner från min apparat.
Finkelbit luktar skit
river bra så skål kamrat.

Hemgjord sprit ger aptit
oj, så fint jag äter.
Akvavit, sillebit
och till det potäter.

141. JAG BRÄNNER I MIN MILA
Mel: Jag väntar vid min mila

Jag bränner i min mila
medan timmarna skrida.
Det ska bli fest här i skogen
när spriten är klar.

Jag kryddar den med örter och
kanske lite nötter.
Den käraste den käraste
Hon skall av drycken ta.

- Jag skrev en dikt idag:
"Jesus lever är nog bättre än min. För jag har
druckit Gin ..."

SÅNGER OM DJUR OCH NATUR

142. KABELJO

Mel: Barnatro

Minns du än den kabeljo
Som då bodde i din sko
Han som sedan flyttade till Örebro?

Han var slemmig, han var hal
Hade sjungit musikal
Annars var han både ful och rätt brutal

Kabeljo! Kabeljo!
Du var så ful att gräset sluta' gro!
Kabeljo! Kabeljo!
Det luktar ännu fisk uti min sko!

143. HÄNGBUKSSVIN

Mel: Barnatro

Minns du än det hängbukssvin
Som drack upp ditt brännevin
Och sen kräktes upp allting där på ditt golv?

Han var stor och han var stark
Var förtjust i sprit och knark
Han var sällan nykter efter klockan tolv.

Hängbukssvin! Hängbukssvin!
På droger har du nog en stor rutin
Hängbukssvin! Hängbukssvin!
Kom nu hit och skura golvet med Klorin!

144. PÅ FYRA BEN

Mel: Min lilla ponny

På fyra ben går den
Som är fullast på vår fest
Fullast, fullast, fullast på vår fest
Det är vår lilla ponny
Som druckit av min mäsk
Druckit av min mäsk

Refräng:
Vad du går snett
Min kära lilla ponny
Du rumlar runt
Och pratar massa strunt
Du ramlar så omkull
Du kära lilla ponny
Men du är skön
Med ditt bruna krull

145. LOKATTEN

Mel: Blåsippan

Lokatten ute i skogen går
Träffar en vessla får sällskap av får
Tjädern är tjurig och bävern blondin
Älgen han älgar och björnen dricker vin

146. TAMRÅTTAN

Mel: Min soldat

Din tamråtta rymde
När vi hade en fest
Vi drack och vi myste
Och talade som bäst
Men när det blev älskog
Var det något som bet
Någonstans i skrevet

Refräng:
Mycket ont det har jag nu
Räkna inte med att bli min fru
Du får välja råttan eller oss
Med tamråttor kan man inte slåss

När klockspelet läkt
Och jag kan börja gå
Då kanske Oleg mår bättre
Och lite kan stå
Men nu kan jag bara
Ligga i min säng och längta
Efter renat

147. GULDFISK
Mel: Jag är spelman

Jag är guldfisk
Jag har simmat
Som en dåre hela dan
Jag simmade åt babord
Ja det var ju först min plan
Sedan simma jag åt styrbord
För att skydda mig mot stöld
Men det var inget man kunde stjäla
Trots att jag är gjord av guld

148. SKATOR
Mel: Skola vi som svalorna bygga oss ett bo

Skola vi som skatorna bygga oss ett bo
Samla silver raskt och snabbt
Lägga i en sko
Mata fåglar i en park
Fyra timmar eller så
Sedan går vi hem som fän
Till frivillig karantän

149. RÄKANS SÅNG
Mel: Barnatro

Har du kvar ditt gamla skal
Det du fick av utbränd val
Kan du krypa än som förr du alltid kröp?

Du blev kokt uti extas
lades sen i cocktailglas
men ditt skal det sparades
i pastorns vas.

Gamla skal, gamla skal
Tänk att du har fått lida
alla dessa kval

Bevarat skal, bevarat skal
I ditt nästa liv
så skall du bli Fisk-al

150. BIKUPAN
Mel: Hälsa dom där hemma

Oj vad hen kan kupa
Biets Rambo kid
Sitter med sin luta
Slår en liten drill
Fixa fint i kupan
Fyller på med sött (socker)
Oj vad hen är duktig
Nu vill hen ha blött
(är du med på den)

SÅNGER OM HAVET

151. TRE SMÅ KÖLSVIN

Mel: Tre små gummor

Tre små kölsvin
Skulle gå en gång
För att festa i en kajuta
Tre små kölsvin
Skrålade och sjöng
Om suggor som tyckte om att tuta

Vi ska ha svinkul
Sa grisarna de små
Kräkas i spygatten
Och bara fläska på
Dricka lite malt
Och vänslas med en galt
Och ha det riktigt mysigt i kajutan

152. FLODER

Mel: Blinka lilla

OB du är i Jenisej
Kan jag visa häftig grej
Lena är din Amur guide
HuangHo nu med till Yangtze Kiang
Bramaputra kommer snart
Mot Ganges och Indus vi styr vår
Färd Tigris och Eufrat
Bli vår värd

153. VEM KAN SEGLA
Mel: Vem kan segla

Vem kan segla förutan gris
Vem kan mata ett kölsvin
Vilken rorskulting blir vår spis
När vi fått is till punschen

Jag kan segla förutan gris
Jag kan mata ett kölsvin

/:Men ej njuta av riklig spis
Utan is uti punschen:/

154. FIL OCH FLINGOR
Mel: Gubben Noa

Fil och flinger
Barnbarn ringer
Maten är så dyr
Lämnas här vid grinden
"Leverantörn" är röd om kinden
Vilken gurka
Luktar urka
Fy för karantän

155. KIL OCH PLUGG
Mel: Auld lang syne

Må kil och plugg få mötas fritt
Bli sams med mast och tåg
När bi och honung bjuder upp
Ligg då kvar där i din skans
Må ljus och värme följa dig
Och alltid stå dig bi
Må kil och plugg få härja fritt
Med ett rikt liv där uti

156. HISSA SEGEL
Mel: Broder Jakob

Hissa segel
Mura med tegel
Full av kraft
Flädersaft
Följ med mig på logen
Låt mig visa plogen
Med dig som mö
Så blir det snö
Hoppa i hö
Och sen adjö

157. KÖLSVIN

Mel: Vad är en vänskap

Vad är ett kölsvin?
Kan det förklaras?
Grymtet som säger
kölsvin är vi.
Också vid rodret
ses vi rätt sällan.
Vi bara vet det
vet det
kölsvin vi vill förbli.

158. MATROSVISAN

Mel: En sjöman älskar havets våg

En sjöman älskar att bli full
hör vågornas brus.
Han månar också om sitt hull
i stormarnas sus.

Farväl, Farväl
du glade Matros.
Hur har du det
med artros?

Farväl, Farväl
se upp med din häl
när supen
blir till narkos.

159. PEKKA BADAR BASTU

Mel: Punschen kommer

Pekka badar, Pekka badar
skål, skål, crawl.
Pekka badar, Pekka badar
tvål, tvål, tvål.
Skål för Pekkas bastu.
Skål för Pekkas kol.
Skål för alla dem
som har bränt sin svål.

Pekka simmar, Pekka simmar
i en vak.
Pekka leker, Pekka leker
på ett flak.
Skål för Pekkas lekar.
Skål för Pekkas flak.
Skål för alla dem
som druckit snaps i vak.

KROPP
OCH SJÄL

160. PROSTATA

Mel: Barnatro

Har du din prostata kvar?
Kanske urologen skar
den i bitar med sitt kalla cystoskop?

Kanske medicin du tar
för att pinka som en karl.
Dom där små som du har i ditt badrumsskåp

Liten skvätt, med tablett
Som du fått från doktorn på ditt lasarett
Kissa snett, mycket tvätt
Det gillar inte hustrun din, Anette

161. EREKTION

Mel: Barnatro

Har du kvar din erektion
den som stod som en kanon?
Eller slaknar den
Av bristen på hormon?

Kan du än få upp den lätt
eller tar du en tablett?
En sån liten blå
som hjälper den att stå

Erektion! Erektion!
Ja svällkropparnas stolta expansion
Erektion! Erektion!
Utan den så blir det ingen konception

162. HÖFTPROTES

Mel: Barnatro

Har du kvar din höftprotes
Den du fick av en kines
Kan du ännu gå som förr du alltid gick?
Nä du haltar och du svär
Dansar ej som Fred Astaire
Ja din höft den verkar ej va i toppskick

Höftprotes! Höftprotes!
Du är ju själva dansens antites
Höftprotes! Höftprotes!
Du kommer aldrig bjuda upp Therese!

163. UNDERBETT

Mel: Barnatro

Har du kvar ditt underbett
Det som nästan alla sett
Har du magsår än som förr du alltid haft?
Är celluliter alltjämt det
Som din bakdel kämpar med
Själv är åderbråck det
som jag nu brottas med

Åderbråck, åderbråck
Magsår också och annat
Smått och gott
Underbett, fullt av svett
Du är stilig och du har
Ett vänligt sätt.

164. ADONIS
Mel: Blinka lilla

Adonis nu med blasten blekt
Med sin tös han nyss har lekt
Hoppat hö i ladans skull
Druckit renat blivt full
Adonis blast är en kontrast
Till hans stolta
Ungdomsmast

165. SILVERVAS
Mel: Barnatro

Har du kvar din silvervas
Som jag drack ur på kalas
När min törst var svår
Var blomvatten en tröst
Jag var törstig
Du var rik
Sålde svart
Din arsenik
Som spred
Pest och pina
Över land och hav

Refräng:
Arsenik från Örnsköldsvik
Ingen dos av den var den andra lik
Arsenik många lik
Som apotekare du hade klen etik

166. MITT ENZYM

Mel: Min soldat

Mitt enzym är så ensamt
Mitt östrogen har tagit slut
Mitt bukspott börjar klia
Och mitt socker har ramlat ut
Men det gör det samma
För jag har mitt testosteron
Någonstans i kroppen

I givakt, Kung Oskar står
När han jobbar mellan
Kvinnolår
Och skjuter sin salut
I varje tänkbart gryt

Min fru är lite sotis
Men hon tycks ju förstå
Att ska vi vara lyckliga
Så måste det gå
Att förena lust och nytta
Med kanoner och med krut
Annars ingen Lill-Knut

167. GÄLLIVARE-HÄNG

Mel: Barnatro

Jag har fått ett "Gälihäng"
Det nu visar min maräng
Det har ingen midja inte
Heller rem
När jag sitter fint på huk
Kan man skåda öppet spjäll
Där min hustru kastar mynt
När hon är snäll

Refräng:
Öppna spjäll
Karamell
Mitt häng det är
Likt änglar
Som har mjäll
Öppet spjäll
Änglamjäll
När min mage spricker
Då blir jag nog säll

168. TRÄBEN
Mel: Har du visor min vän sjung dem nu

Har du träarm min vän
Drick ändå
För nu är tiden då vodka skall njutas
Och den som har träben kan gå

Refräng:
I morgon är kanske för sent min vän
Så synd om det träben som
Ej fått sig träna
Att gå till lönnkrogen med sin vän
Det är dit du skall komma sen

169. VAR ÄR POTTAN
Mel: Broder Jakob

Sitter du på pottan
Sitter du på pottan
Lille pilt
Vill du ha en filt
Tänk nu mer på tarvet
Sluta nu med larvet
Sen får du din kilt
Lille lille pilt

170. STOPP I HELSINGÖR
Mel: Jag är spelman

Jag blev stoppad utav tullen
Jag blev stoppad i Helsingör
Jag hade åkt moped från Tyskland
Jag fick fel på min flottör
Min karantän blev till att tälta
Tälta ensam på en strand
Det var jobbigt det var kyligt
Längtade hem till Härnösand

Jag hade dåligt med pengar
Jag hade dåligt med fantasi
Så jag började äta wienerbröd
Och dricka Eau de Vie
Numera är jag helt förstoppad
Har en fruktansvärd gastrit
/:Det är hårt att vara förstoppad
Ja det är i grunden bara skit ./

171. SÅ GÅR VI RUNT MED VÅRT NAGELTRÅNG

Mel: Så gå vi runt kring ett enebärssnår

Så går vi runt med vårt nageltrång,
nageltrång, nageltrång.
Doppa nu tårna uti buljong
tidigt en söndag morgon.

172. ASATRO

Mel: Barnatro

Har du kvar din asatro
den du fick i Örebro.
Kan du tro så fint
som förr du alltid gjort.

Trott på tomtar och på troll
och på näcken
och hans stoll.
Kanske har du även
hamnat uti groll.

Refräng:
Asatro, Asatro.
Från Valhall det finns en gyllne bro.
Asatro, från Örebro.
Med din tro på sprit
blir livet Akvavit.

173. TANDVÄRK

Mel: Jag väntar vid min stockeld

Jag väntar vid min mila
medan tänderna ila.
Tandvärk är kusligt
och natten är mörk.

Jag tröstar mig med spriten
gjord av Mila-eliten.
Den lindrar aptiten
och ger mig mod i barm.

Ibland så kan det hända
att tänder må avhändas.
Jag drar då ut en ända
av roten som är svart.
Den lindrar aptiten
och ger mig mod i barm.

Ibland så kan det hända
att tänder må avhändas.
Jag drar då ut en ända
av roten som är svart.
Då åter jag använda
den goda spritens slända.
Värken den är borta
och jag orkar dricka mer.

174. HEMORROJDEN GLIMMAR
Mel: Solen Glimmar

Hemorrojden glimmar likt rubin
växer raskt i baken.
Klä dig fint
kom i stugan in
men helst så bör du ju va naken.
Klådan är av besvärlig art
ordna salva ganska snart.
Alkohol kan nog va bra
även om det svider.

175. FYLL-SKALLEN
Mel: Spelmannen

Jag är bakis
jag är skakis
jag har inte fått nån sprit.
Ingen cognac
ingen whisky
heller ingen akvavit.
Och min lever den har skrumpnat
och min hjärna likaså.
Men får jag lite brännvin
ja, då dansar jag på tå!

176. PAPPA KOM HEM

Mel: Brevet från Lillan

Pappa kom hem
Nu när mamma
Har fått skabb.
Det kom så plötsligt
När Tor lämna sängen.

Pappa kom fort
för det kliar så förgjort.
Det säger mamma
som rikligt sig smort.

Allt hon vill ha
är en salva
som är bra.
Ingenting annat
det kostar för mycket

I Eran säng
Ligger nu en naken dräng.
Han kliar sig också
på sitt vänstra häng.

177. DONATIONSVISA

Mel: Spelmannen

I
Jag är trött och jag är sliten
druckit alltför mycket sprit.
Jag behöver en ny lever
så den kan ni skicka hit.
Jag fick njure utav Sture
och han är numera död.
För det är ju som man säger:
Den enes död den andres bröd.

II
Skicka mjälte, bli min hjälte.
Men jag vill ej ha nåt mjäll.
En blindtarm kan gå bra
och gärna då en sån med fjäll.
I utbyte du får
mitt vänstra innerlår.
Det är mjukt och det är
hårigt och det gillas utav får.

III
Mina lungor slemmigt ljuder
och min magmun den är sur.
Jag fick levern från ett luder
Inga visor går i dur.
Sorgligt är att se min skepnad

116

och att höra på mitt gnäll.
Men min tarm är väldigt bra och
släpper väder med en smäll.

IV
Min pung den är för tung
och min anal den är för skral.
Mjälten har ett okänt ursprung
ena njuren från Nepal.
Från en kärring uti Kina
fick jag tag på en halv bronk.
Livet blir en enda pina
När som allt är stön och stånk.

V
Fick ett vadben ifrån Skara
och en arm ifrån Bombay.
Dom sa "Det är ingen fara,
armen är nog helt okej".
Men den hamna på fel sida
och så blev allt spegelvänt.
Dessutom får man lida
för att man är impotent.

178. KATETER-VISAN

Mel: Barnatro

Har du din kateter kvar?
Den du ärvt utav din far.
Kan du kissa än som förr
du alltid gjort?

Gud som haver alla kär
Kateter-livet är misär.
Ingen kan med denna skit va' nöjd och glad.

Prostata! Prostata!
Till toaletten jag nu skyndsamt måste dra.

179. MÅ DIN VIKT

Må din väg gå dig till mötes

Må din vikt gå Dig till mötes
och må vågen vara din vän.
Må solen krympa ditt skinn
och må buken hålla sig i trim.
Och till vi möts igen må Du hålla,
hålla vikten modell slim.

180. RENSA TRUMPETEN

Mel: Ja må hon leva

Rensa trumpeten
där kom en fet en
Movitz tog i så att
ändtarmen sprack.
Oj, vad det spraka
allt kom från baka
/:Movitz var nöjd och sen han gjorde
honnör:/

181. MITT NAGELTRÅNG

Mel: Nu grönskar det

Jag pinas av mitt nageltrång
som gör att jag knappt kan gå.
Så lyssna till min klagosång:
Det värker i min tå!

Men om jag doppar den i sprit
försvinner min smärta närapå.
Men det tycker jag är alkoholmissbruk,
jag vill hellre supa än gå!

182. UNDERBETT
Mel: Barnatro

Har du kvar ditt underbett,
kan du tugga en kotlett
eller äta en baguette så du blir mätt?
Nej, jag gapar och jag svär,
knappt jag någonting förtär,
varken förrätt eller varmrätt och dessert.

Underbett, underbett!
Det är så drygt
att aldrig nånsin få bli mätt.
Underbett, underbett!
Och supen måste jag ta med pipett.

183. KATT ETER VISAN
Mel: Min hatt

Min far han har kateter,
kateter i en slang.
Och är det ej kateter,
så är du nog nån ann (än min far)

184. PORTVINSTÅ

Mel: Barnatro

Har du kvar din portvinstå,
som är svullen, röd och blå,
den som liknar mest en mogen bigarrå?
Om du ska ditt portvin få,
får du grunda med Bordeaux,
eller vin ifrån nåt finare chateau.

Portvinstå, portvinstå!
Det känns som att bli
överkörd av en Renault.
Portvinstå, portvinstå!
Jag får nog hålla mig till snaps och till Pernod.

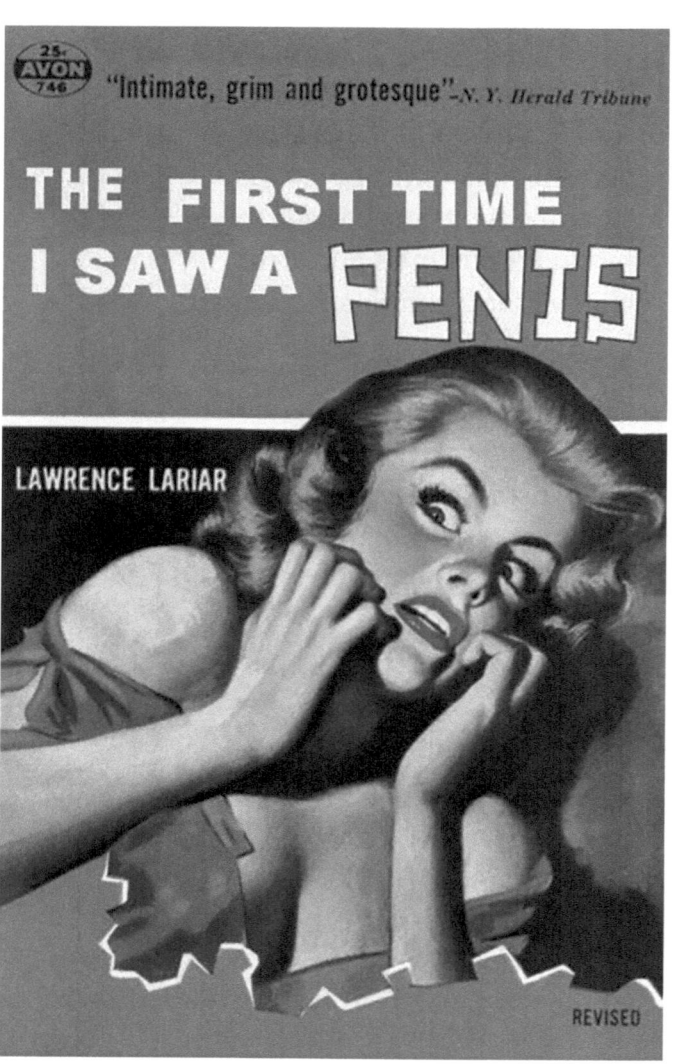

SMUSK OCH SNASK

185.LAVEMANG

Mel: Högt över havet

Lavemang, i en slang
Sätter fart på tarmen
Det är ren förstoppnings-magi
Om du söker lösningen, får du den
Och snart så är du lycklig i ditt bakparti!

Långt upp i röven en slang utav plast
Är man förstoppad så sitter det fast
Men alldeles strax är din lycka gjord
Sanna mina ord!

186. KOPROFIL

Mel: Barnatro

Gamle far var koprofil
Ja han saknade ju stil
Och med tiden blev han också rätt senil

Hans intresse var totalt
För allting som var fekalt
Och vi tänkte att det var nåt fel mentalt

Koprofil! Koprofil!
Du borde söka hjälp hos Dr Phil!
Koprofil! Koprofil!
För du bajsar alltid med ett sällsamt smil

187. I MIN MUSTANG

Mel: Barnatro

Minns du än det lavemang
som du fick i min Mustang
När ditt anhang bjudit dig på dålig mat?

Ja, fy tusan så jag sprang
Till toaletten med min slang
där det blev ett sånt fantastiskt resultat!

Lavemang! Lavemang!
Det sätter tarmen uti välbehövligt svang!
Lavemang! Lavemang!
När du har varit ut på dålig restaurang

188. GETEN

Mel: Barnatro

Har du kvar din gamla get
Den som fjärtade och sket
Men som gav dig kärlek som var stark och het?

Den som gjorde dig så svag
Att det var nära tidelag
Och annat som regleras uti vår strafflag

Kära get! Varm och het!
För den du blåste uti din trumpet
Du borde nog va mer diskret
Ni kan väl nöja er med Alfapet?

189. BAJS

Mel: Låt oss nu tända ett ljus

Låt oss nu sjunga om bajs
Undvika sånger om majs
Skråla fekaliens lov
Bada naken men helst slippa tvål
Släppa rökare uti en hiss
Kasta inkontinensblöja med
Allt sitt kiss
På en förvånad polis
Som brände blöjan i spis
En sång för bara dig och mig
En tång så man kan locka sig

190. FLÄNSOST II

Mel: Han är min sång och min glädje

Jag kan minnas min tid utan Flänsost
Utan mening levde jag då
Men så kom jag till dig på Mejeriet
Och du visa den väg jag ska gå

Refräng:
Du är min sång och min flänsostmö
Du har ett hjärta av snö
Låt oss virus tillsammans
Även om av coronan vi dö

191. BONDENS LADA

Mel: Solola

En bonde flöjtar sig
Bakom sin lada
Och ladan vänjer sig
Vid bondens piss
Och ladan tvättas
utav vind och vatten
men det luktar ändå
väldigt mycket kiss

Refräng:
När man skall flöjta
bakom sin lada
så bör man hålla
sig till nässlans snår
och om man gör det
slipper man ju stanken
en stank som näsan
tycker är så svår

192. MELLANGÅRD

Mel: Barnatro

Har du kvar din Mellangård
Där jag ställde upp min Ford
Är din vårtgård lika
Solbränd som förut
Minns du flänsosten vi åt
Den som gjorde dig så kåt
Och sen drack vi
Det vi bränt
För länge sen

Refräng:
Mellangård
Rostig Ford
Till kyrkan vi for
Och träffade vår Lord
Mellangård
Örtagård
Mot evigheten vi färdas
I vår Ford

193. ÄDELBAJS

Mel: Edelweiss

Ädelbajs, Guanobajs
Förstoppad fågel från Lima.
Fågelns nöd, den andres bröd
Gödning som är sublima.
Flyger sen bort
Över gammalt dass
Släpper en klutt på taken.
Ädelbajs, Guanobajs
Känslan är fin för baken.

194. ÄCKLAD

Mel: Spelmannen

Jag är äcklad av min make,
Jag är äcklad av min far.
De går omkring helt nakna,
Visar klockspel och Husar.

De badar alltid bastu,
Super, slåss och svär.
De verkar inte fatta,
Att de ställer till besvär.

195. VIBRATOR

Mel: Vi äro musikanter

Min fru har köpt vibrator
och kopplat till en slang.
När hon sig själv förnöjer
får jag ett lavemang.
Vibrator vibrator
Lave lave lave mang
Vibrator vibrator!
Skönt det är med slang.

Skål!

SÅNGER I KARANTÄN

196. HANDSPRIT
Mel: Blinka lilla

Skåla! Skåla i glykol
Också gärna i glycerol
Blanda sen med T-sprit röd
Smaka försiktigt
Undvik död
Tillsätt vatten
Nu är det klart
Det här kan på magen sätta fart

197. HANDSPRIT
Mel: Barnatro

Har din handsprit tagit slut
Den du fick av faster Rut
Kan du sprita än som förr du alltid gjort
Kan du tvåla bort all lort
Ja det borde gå som smort
Av alla råd du fått Folkhälsoinstitut

Refräng:
Institut
Faster Rut
Ska Coronan
Någonsin ta slut
Goda råd och depression
Den som klarar sig
Kan kanske få pension?

198. FÅGELVISA
Mel: Min soldat

Min mor är en trana
Min far en pelikan
Min syster är en uggla
Och min bror är en fasan
Men alla har corona
Och är satt i karantän
Någonstans i Sverige

199. VIRUSVISA
Mel: Min soldat

När spanska sjukan kom till landet
Åkte jag till Portugal
När Hongkong börja härja
Segla jag till Hudiksvall
Men nu när jag har svinpest
Spelar jag Corona
Någonstans i Fjällen

200. DISTANSVISA

Mel: Barnatro

Pandemin ger ingen chans
till att utöva romans
när man måste vara mån om sin distans

Det är svårt med acceptans
när man ej får stimulans
ja, man önskar att man var nån annanstans

Håll distans, din schimpans!
För annars har du inte någon chans!
Nonchalans och dekadans
gör att du snart får åka ambulans!

-Neeej! Jag klarar inte en snapsvisa till!!!!

Do you ever get drunk?

☐ Yes

☐ No ✗

Innehåll